現代日本語

山村仁朗　著

JN093290

学術図書出版社

はじめに

　この教科書は島根県立大学出雲キャンパスの「現代日本語」のために作成したものです。

　私は 2017 年度から「現代日本語」を担当しています。語彙力を増やすことや読解力を養うこと、レポートの書き方を修得することなどを目標として毎年、試行錯誤を繰り返してきました。「あれも教えたい、これも教えたい」と欲張ってしまい、教えたいことが全 15 回の授業に収まらないこともありました。

　ここ 1、2 年はレポートの書き方に重点を置き、それにエッセイと俳句を加えて授業を行っています。受講生の皆さんが文章を書くにあたってどのようなことを不安に思い悩んでいるかということが少しずつ分かるようになってきたので、思い切って教科書を作ることにしました。そうして出来たのがこの『現代日本語』です。

　大学ではレポートを書く機会が数多くあります。その折、本棚からこの本を取り出してレポートの書き方を確認してくれたとしたら私にとってこの上ない喜びです。

　表紙と裏表紙の絵は松江キャンパス総合文化学科 2 年の田中五月さんが描いてくださいました。「出雲と言えば大国主命、大国主命と言えば因幡の白兎」ということでかわいい兎の素敵な教科書になりました。記して感謝いたします。

2021 年 1 月 30 日

山村仁朗

目　　次

○俳句編

○エッセイ編

第1回
エッセイを書く ① ―何について書くかを決める―

1. 目標
1000字以上のエッセイを書く。文章を書くことに慣れる。

2. エッセイとは
自分の思うままに見聞きしたこと、体験したこと、感想などを書き記した文章のこと。随筆。

3. エッセイを読む

4. 作成手順
(1) 何について書くかを決める　→　(2) メモを作る　→　(3) 下書きをする　→
(4) 推敲をする　→　(5) 清書をする

5.　何について書くかを決める

5.1　全体テーマ

「私のお気に入り（私のこだわり）」

- 〈もの〉でも〈こと〉でもよい。
- 好きな本、作家、漫画、アニメ、ゲーム、映画、楽曲、ミュージシャン、趣味、食べ物、店、習慣、場所、インターネットのサイトなど、対象は何でも構わない。

5.2　「お気に入り（私のこだわり）」　5つ

-
-
-
-
-

5.3　何について書くかの決定

「お気に入り5つ」の中から今回書こうと思うテーマを1つ選択してください。

　私は、＿＿＿＿＿＿＿＿＿＿＿＿＿＿＿＿＿についてのエッセイを書く。

第2回
エッセイを書く ② ―メモを作る―

1. エッセイを読む

2. 本日の目標
- メモを作る。
- メモの内容を説明する。

3. 作業手順
- （1） 何について書くかを決める
- （2） メモを作る
- （3） メモの内容を説明する
- （4） 下書きをする
- （5） 推敲をする
- （6） 清書をする

4.　メモを作る

　書く対象についてのメモを作成しましょう。（A）〜（C）のどれかを利用してください。

（A）箇条書き形式

　思いつくことを次々に書いていく。

- （例）● 家の隣りの子猫。（近所の文房具店で買った）
  - 名前はミーちゃん。（プラスチック製のものさし）
  - 真っ黒でキラキラした目をしている。（長さは20cm。色は黄色で半透明）
  -
  -
  -
  -
  -
  -
  -
  -
  -
  -
  -
  -
  -
  -
  -
  -
  -
  -
  -

(B) 一問一答形式

具体的な問いを立てて、それに答えていく。

- いつ出会ったか

- どこで出会ったか

- どこがお気に入りか

- なぜお気に入りになったか

- 具体的なエピソード1

- 具体的なエピソード2

- 具体的なエピソード3

（**C**）マインドマップ

「お気に入り」を真ん中の楕円に書き込み、関連することを広げていく。

5.　メモの内容を説明する

メモの内容を説明する（**1 人 3〜5 分**）

○説明する側の注意点
- エッセイのテーマ（何について書くのか）
- 内容（どのようなことを書くのか）

○説明を聞く側の注意点
- 説明を聞いて気になったことを質問する。
- 質問の仕方のポイント：具体的であること。

　　　　質問例　　a.　なぜそのテーマを選んだか
　　　　　　　　　b.　その犬の名前の由来を知っていますか
　　　　　　　　　c.　その犬を初めて見たのはいつですか
　　　　　　　　　d.　その時、どんな感じでしたか　　　　　　　など

6. エッセイの条件と流れ

6.1 エッセイの条件

A. 内容面

(1) 「私のお気に入り」の提示

(2) 「お気に入り（こだわり）」の具体的で丁寧で細かい描写・説明

(3) 「お気に入り（こだわり）」と自己との関わり（エピソード）が書いてあること

B. 形式面

(1) 想定する読者：島根県立大学出雲キャンパスの学生および教職員

(2) タイトル：「お気に入り（こだわり）」をタイトルとすること

(3) 文体：「～だ・である」体（常体）

(4) 字数：1000 字以上（空欄も字数に含める）

(5) 段落があること。

6.2 エッセイの基本的な流れ

> (a) 「私のお気に入り」の提示
>
> (b) 「お気に入り（こだわり）」の具体的で丁寧で細かい描写・説明
>
> (c) 「お気に入り（こだわり）」と自己との関わり（エピソード）を 2～3 つ

第3回
エッセイを書く ③ ―下書きをする―

1. エッセイを読む

2. 作業手順の確認
 （1） 何について書くかを決める
 （2） メモを作る
 （3） メモの内容を説明する
 （4） <u>下書きをする</u>
 （5） 推敲をする
 （6） 清書をする

3. メモを読み直す（前回の復習）

4. エッセイの条件（再掲）
（1）内容
　 a. 「私のお気に入り」の提示
　 b. 「お気に入り（こだわり）」の具体的で丁寧で細かい描写・説明
　 c. 「お気に入り（こだわり）」と自己との関わり（エピソード）が書いてあること

（2）形式

　　d.　想定する読者：島根県立大学出雲キャンパスの学生および教職員

　　e.　タイトル：お気に入り・こだわりの対象をタイトルとすること

　　f.　文体：「〜だ・である」体（常体）

　　g.　字数：1000 字以上（空欄も字数に含める）

　　h.　段落があること。

5.　エッセイの基本的な流れ（再掲）

> i.　「私のお気に入り」の提示
>
> ii.　「お気に入り（こだわり）」の具体的で丁寧で細かい描写・説明
>
> iii.　「お気に入り（こだわり）」と自己との関わり（エピソード）を 2〜3 つ

6.　下書きをする

7.　次回までの課題

　　下書きを完成させる。

【付録】エッセイを書くことが不安な方

<u>不安1</u>　どのように書いていけばよいかわからない

　→　「5. エッセイの基本的な流れ」の順序で書けば、出来ます。

<u>不安2</u>　1000字以上書けるか不安だ

　→　文章は短い段落をつなげていくものであると考えてください。

　→　そのため、1つの段落を短く書いてください。1つの段落には言いたいことが1つあればよいです。

　　（例）隣の家に黒い猫がいる。名前はミーちゃん。　←これで1段落

<u>不安3</u>　書くのに詰まったら

　　その箇所は一度中断して、先に書けることを書いてください。

第４回
エッセイを書く ④ ―推敲をする―

1. エッセイを読む

2. 作業手順の確認
（1） 何について書くかを決める
（2） メモを作る
（3） 下書きをする
（4） 下書きを読み返す
（5） 推敲を行う
（6） 清書をする

3. 本日の目標
　下書きを読み返し、推敲をする。

4. 下書きを読み返す
【目的1】　どんなことを書いていたかを思い出す。
【目的2】　おかしな表現、気に入らない表現、わかりにくい箇所がないかを確認する。
　　　　　（気になる箇所には赤ペンでチェックを入れておく。）

5.　他の人の下書きを読む

【目的】　他の人がどんなことを書いているか、どれぐらい書けているかを知る。

6.　推敲を行う

（a）「推敲」：下書きを読み返して、よりよい作品にするために文章を練り直すこと。

（b）推敲の具体例

　　　【文字】誤字脱字を直す。

　　　【語句】おかしな表現、気に入らない表現、わかりにくい箇所を書き換える。

　　　【文】長すぎる文を短くする。

　　　【文章】段落を入れ替える。

　　　【タイトル】タイトルを変更する。

（c）段落や文を入れ替えると内容に対する印象が変化する

- 雨が降っているのに、彼は出掛けた。（どうしても出掛けたかったんだ）
- 彼は出掛けたのに、雨が降ってきた。（残念だったね）

- 段落の入れ替えにも同様の効果がある。

（d）文章の終わり方

　どんな終わり方でも良い。

- 授業で取りあげたエッセイを参照。
- お気に入りのものへの気持ち
- 最後に書いたエピソードについて感想
- ただ、エピソードを書いて終わる
- 「〜について書いてきたが、書いているうちにますます好きになった。」
- 「お気に入りの〜について書いてきたが、実は最近少し飽きてきた。」

第5回
エッセイを書く ⑤ ―清書をする―

1. エッセイを読む

2. 作業手順の確認
（1） 何について書くかを決める
（2） メモを作る
（3） 下書きをする
（4） 推敲を行う
（5） 清書をする

3. 本日の目標
清書を完成させる。

4. 推敲の確認

5.　清書を書く

ワードで作成する。

6.　提出について

- 提出期限：　　月　　　日（　　）　　17時
- 提出方法：
- 提出先：
- 形式：縦書き設定にしてそのまま入力すること（原稿用紙設定にしないこと）。
  タイトル、学籍番号、氏名を必ず書くこと。
- ファイル名：現代日本語エッセイ　　1234567 山村仁朗

第6回
エッセイを書く ⑥
―エッセイについての疑問に答える―

1. 疑問と回答

【問1】 長い文章を書くと、内容がずれてくるがどうすればよいか？

【回答】 メモを取る。書きたいこと、重要なことから書く。出し惜しみしない。

【問2】 「お気に入り」のものをぼかして書く必要があるか？

【回答】 ない。むしろ、具体的に書くべきである。その方が読み手に伝わる。

【問3】 テーマを一つに絞るコツはあるか？

【回答】 より好きなもの、より書きたいものを選ぶ。

【問4】 段落の区切り方に正解はあるか？

【回答】 ない。但し、短い方がよい。言いたいことは一段落に一つにする。

【問5】 エッセイでは接続詞「けれども」「なので」を使ってよいか？

【回答】 使ってもよい。その場合、文章が話しことば、会話文のようになる。レポートなどのアカデミックな文章、履歴書などの公的な文章には向かない。

【問6】 「ざぶーん」などの音の表記に「　　」をつける必要があるか？

【回答】 つけても、つけなくてもよい。特に、エッセイではそのことも自分の思うように書けばよい。エッセイではそれも文章の味わいとなる。

【問7】　縦書きの場合、アルファベットはどう書けばよいか。

【回答】　基本的に半角、横向きにして書く。

　　　　　会社や団体などの名称・略称の場合は全角で書いてもよい。

　　　　　　例：NTT / WHO / Panasonic など

2.　「エッセイを書く」ことを通して伝えたかったこと

（1）　作業を複数に分けて行う。

- 1つ1つの作業に集中する。

（2）　メモを作る。

（3）　下書きは消さない。

- 途中で書くのをやめたものが使えることもある。

（4）　推敲を行う。

- 1日置いて推敲すると、恥ずかしさが薄れ自分の文章を客観的に見ることができる。

○レポート編

第7回
レポートを書く ① ―表紙、章立て、参考文献―

1.　レポートを書く際にも使えそうなこと
（1）　作業を複数に分けて行う。（1つ1つの作業に集中する）
（2）　メモを作る。
（3）　下書きは消さない。
（4）　推敲を行う。

2.　レポートを読む ①

3.　レポートの基礎　その1
（1）　レポートには「序論」「本論」「結論」がある。

（2）　序論：このレポートで「何について書くか」を記す。
　　　　　　このレポートでは「何を問題にするか」を記す。
　　　本論：具体的な中身
　　　結論：本論のまとめ／序論の答え

（3）　自分のことは「筆者」と書く。（×「私」）

4.　レポートを読む ②

5.　レポートの基礎　その 2

（1）表紙を付ける。（「提出日」「授業名」「タイトル」「学科名」「学籍番号」「氏名」）

（2）レポートの最初にも「タイトル」「学籍番号」「氏名」を書く。

（3）章立てをすると読みやすい。

例）　はじめに　　…　序論
　　　1.　○○○　　…　本論 ①
　　　2.　△△△　　…　本論 ②
　　　おわりに　　…　結論

（4）数字とアルファベットは半角で書く。

（5）利用した資料は「参考文献」として挙げる。

第8回
レポートを書く ②
―表紙の書き方、参考文献の書き方、レポート課題―

1.　レポートを読む

2.　表紙の書き方
（1）「表紙は不要」という指示がない限り、レポートには表紙をつける。
（2）表紙に書くべきこと
- 提出日
- 授業名
- レポートタイトル（サブタイトルがあれば書く）
- 学科名
- 学籍番号
- 氏名

3. 参考文献の書き方

- 参考文献は必ず書くこと。

〈参考文献〉

(図書の場合)　竹内啓 (2010)『偶然とは何か』(岩波書店、112〜158 頁)

(新聞の場合)　「[教育ルネサンス] 愛国心 (9) 日本文化　語れる人材に」

(2013 年 2 月 8 日『読売新聞』、東京朝刊、18 面)

(論文・雑誌)　小川靖彦 (2015)「もう一つの防人像」(『文学』16 巻 3 号)

(インターネットのホームページ)

松江市「松江市の概要 (新生松江市)」

http://www1.city.matsue.shimane.jp/gaiyou/chronology/newmatsue.html

最終閲覧日：2017 年 7 月 18 日

4. レポート課題

(1)　ほとんどの場合、レポートは授業ごとにあらかじめ課題が与えられる。

(2)　学期末レポートの場合、課題は提出期限の 1 か月以上前に与えられることが多い。レポートはそれだけの準備期間が必要ということである。

(3)　細かな指示がある場合もあれば、「授業に関連することを取りあげてレポートを書きなさい」のような大まかに課題のみが与えられる場合もある。

5. この授業でのレポート課題

> 【課題例】　資料の『宇治拾遺物語』を読み、その中から 2 つの話を選び内容をまとめなさい。また、そのうちの 1 つの話を取りあげて感じたこと、考えたことを述べなさい。

○条件

(1) 字数：2000 字程度

(2) ワードで提出すること

(3) 表紙をつけること

(4) タイトルかサブタイトルかを次のようにする。

　　例・『宇治拾遺物語』巻 4―1・5 を読んで

(5) 「はじめに」「おわりに」「参考文献」をつけること

(6) 字数の目安

　　　はじめに（200 字）

　　　1. 内容のまとめ（900 字）

　　　2. ～について（800 字）

　　　おわりに（100 字）

(7) 今回の場合、「はじめに（序論)」に取り扱う問題を書く必要はない。

6. 次回までの宿題

- 課題資料『宇治拾遺物語』の 5 つの話を読んで、どの話でレポートを書くかを決める。

第 9 回
レポートを書く ③ ―メモを作る―

1. 前回の復習
- どの話でレポートを書くかの確認

2. メモを作る
書く対象についてのメモを作成しましょう。（A）～（C）のどれかを利用してください。

（A）箇条書き形式
思いつくことを次々に書いていく。

-
-
-
-
-
-
-
-
-

-
-
-
-
-
-
-
-
-

（B）一問一答形式

　具体的な問いを立てて、それに答えていく。

- なぜこの話を選んだのか

- どこが興味深いか

- 特にどこが面白いか

- どの1文が印象に残ったか

-

-

（C）マインドマップ

　書く対象を真ん中の楕円に書き込み、関連することを広げていく。

第 10 回
レポートを書く ④
―下書きをする、レポートについての疑問に答える―

1. 前回の復習
- メモの確認

2. 下書きをする
（1）下書きの際に使える方法
- 下書きをするためにメモ作りをする。
- 下書きは消さない。

（2）下書きを始める。

3. 本日の課題
- 下書きを完成させる。
- 第 11 回は下書きが完成していることを前提に授業を進めます。

4.　レポートについての疑問に答える

（1）序論

【問1】　序論には簡単な結論がないと短すぎるか？

【回答】　無くてもよいが、ある方がよい。読み手にわかりやすい。

（2）結論

【問2】　結論が本論の繰り返しになることが多いが、まとめ方のコツはあるか？

【回答】　本論の要点だけを書く。筆者の言いたいことだけを端的に書く。

　　　　　箇条書きを用いてもよい。

（3）文字数、文字の大きさ、数字と英字

【問3】　レポートの文字数にはどの部分が入るか？

【回答】　「レポート全体のタイトル」と「参考文献」を除いて文字数をカウントする。

　　　　　（word の文字カウントを利用すると便利）

　　　　　本論「1.　～」の部分（節タイトル）もレポートの文字数に入れてもよい。

【問4】　タイトルや本文の文字の大きさがわかりません。

【回答】　タイトル：14 ポイント　本文：10.5 ポイント

　　　　　（この教科書は約 9 ポイントで書いています）

【問5】　数字は半角で書くか、全角で書くか？

【回答】　1 桁の場合は全角、2 桁以上の場合は半角。（例：2020 年 7 月 24 日）

【問6】　縦書きの場合、数字や英字はどう書けばよいか。

【回答】　2 桁の数字の場合は縦書き。3 桁以上の場合は半角、横書き。年月日は漢数字を用いる。英字は横書き。

（4）タイトル

【問7】　サブタイトルを付けてもよいか？

【回答】　付けてよい。

（5）図や表

【問8】　レポートでは表を用いてもよいか？

【回答】　積極的に用いるとよい。基本的には自分で作ること。他者が作成したものを使用す

る場合は必ずそのことを明記すること。

(6) カギカッコ、文章の引用

【問9】　本の題名以外でどのような場合にカギカッコを使うか？

【回答】　論文タイトルや引用、会話など。

(7) 段落

【問10】　2000字程度のレポートだと、何段落くらいが理想か？

【回答】　読みやすければそれでよい。原則は、1つの段落に言いたいことは1つ。

(8) インターネット

【問11】　インターネットの情報を引用してもよいか？

【回答】　よい。しかし、インターネットの情報は信憑性が低いので、どのようなページであるかを確認しながら引用すること。引用したページによっては評価が下がることもあるので注意すること。（ウィキペディアなど）

(9) 書き方の順序

【問12】　メモ⇒下書き⇒清書の順序で書けばよいか？

【回答】　メモ⇒下書き⇒<u>推敲（自分で読む・修正）</u>⇒清書⇒<u>推敲2（自分で読む・修正）</u>⇒提出

(10) 参考文献

【問13】　参考文献には図書名だけを書けばよいか？

【回答】　図書名、著者名、出版年、出版社を書く。

【問14】　電子辞書で調べたものは参考文献にどのように書けばよいか？

【回答】　電子辞書に入っている「辞書」には書誌情報（辞書名、第○版、出版年等）が書かれているので、それを書く。

【問15】　「出版社」とは「発行所」のことですか？

【回答】　そうです。

（11）レポートの表記

【問 16】　レポートで「筆者」と書く場面がわからない。

【回 答】　「筆者」：レポートを書いている人のこと。レポートの筆者のこと。（×私）

【問 17】　間違っているかもしれないことを断言の形で書くことに抵抗があるが、レポートは断言の形で書いた方がいいか？

【回 答】　断言の形で書くのが基本。婉曲表現はあまり使わない方がよい。（～と思われる。／～と考えられる／～かもしれない、など）
間違っていることは書かない。

【問 18】　レポートの言葉は意識してちょっと大人な言葉を使った方がよいか？

【回 答】　大人の言葉遣いがよい。ただし、わからない語は意味を辞書で調べ、理解して使うこと。

（12）レイアウト

【問 19】　字数や行数に指定のない場合は、初期設定のままでよいか？

【回 答】　初期設定のままでよい。

（13）その他

【問 20】　問いを立てる必要のないレポートもあるか？

【回 答】　ある。「現代日本語」のレポートも大きな問いを立てることができない。

【問 21】　「書籍の内容をまとめよ」というレポート課題が出たが、書籍のまとめ方がわからない。

【回 答】　自分でまとめと思うものを考えて、書いてください。その場合、「はじめに（序論）」では選んだ書籍、著者名、レポートで述べることなどを書けばよい。

【問 22】　書籍をまとめる際に、概要を全てまとめるのではなく、目次の見出し（章ごと）にまとめることや、自分が気になった部分だけをまとめるのはありですか？

【回 答】　一般的には「あり」。不安であれば授業担当者に確認すること。

第11回
レポートを書く ⑤ ―推敲をする、その他―

1. 推敲をする
(1)「推敲」：下書きを読み返して、よりよいレポートにするために文章を練り直すこと。

(2) 推敲の具体例
 【文字】 誤字脱字を直す。
 【語句】 おかしな表現、気に入らない表現、わかりにくい箇所を書き換える。
 【文】   長すぎる文を短くする。
 【文章】 段落を入れ替える。
 【タイトル】タイトルを変更する。

(3) 校正記号
- エッセイ時に配布したものを使用する。

2. 『　　』と「　　」
『　　』：書名、雑誌名、新聞名などに用いる。
   例：『宇治拾遺物語』　←書名
「　　」：雑誌の記事名や論文名などに用いる。
   例：「八歳の童、孔子問答の事」　←本の中の一つの話

3.　引用と要約―自分の文章と他者の文章を区別する―

（1）引用

- 他者の文章をそのままレポートに用いること。
- 「　　」や 2 字下げを行い、自身の文章と区別する。

■具体例

a.　1 文内の引用

- 引用部分を「　　」（カギかっこ）で表示する
- 引用元は『　　』（二重カギかっこ）で表示する

　　具体例

　　　2009 年 3 月 16 日『朝日新聞』夕刊（5 面）によれば、「インターネット上の文章の丸写しが、大学生のレポートでまずはやり、中高校生にも広がっている」という。

　　　2009 年 3 月 16 日『朝日新聞』夕刊（5 面）には「……」と書かれている。

b.　2 文以上の引用

- 引用部分を「　　」（カギかっこ）で表示する
- 引用元は『　　』（二重カギかっこ）で表示する
- 初めに引用であることを明示してから引用する

　　具体例

　　　2010 年 4 月 22 日『産経新聞』には、次のように書かれている。
「柔道は脳を損傷するような事故が起きることがある。しかし、柔道が生命の危険をはらんでいるという認識は競技者や指導者の間ではそう高くない」。

c.　引用箇所に不必要な部分が混ざってしまう場合

（i）　必要な箇所だけを「　　」で引用し、前後は自分の文章で書く

　　具体例

　　　山田孝雄『日本文法学要論』によれば「研究の基礎とすべきものは言語の如何なる部分であるかといふことは最初に考ふべき問題」であるという。

（ii）　引用部分の途中に不必要な部分がある場合、「（中略）」と書く

　　具体例

　　　同書には、次のように書かれている。「研究の基礎とすべきものは言語の如何なる部分であるかといふこと（中略）を決定しなければ、一歩も前進することが出来ぬ訳である」。

d.　長い文章の引用

- 二字下げて書く

　　具体例

　　　山田孝雄は『日本文法学要論』の中で「語」と「文」の関係について次のように説明する。

　　　　語といふのは思想を発表するに用ゐる材料として見た時の名目であつて、文といふのは思想の発表その事として見た名目である。この事を更に簡単に言へば思想の発表その事とその発表に用ゐる材料との関係が文と語との関係に該当するのであるといふことが出来る。

（2）要約

- 他者の文章の内容を自身でまとめること。
- 文章の言葉そのままではなく、自身の言葉でまとめる。
- 「　　　」は用いない。

■具体例

　　山田孝雄は『日本文法学要論』の中で、「語」と「文」の関係について説明している。それによれば、語とは思想の発表をする際に用いる材料として見た時の名称である。それに対して、文とは思想の発表その事として見た時の名称である。すなわち、語と文とは同一物に対する見方の違いであるという。

第12回
レポートを書く ⑥ ―清書をする―

1.　本日の目標

　清書を完成させる。

2.　推敲の確認

3.　清書を書く

　ワードで作成する。

4.　提出について

- 提出期限：　　月　　日（　）　17時
- 提出方法：
- 提出先：
- 形式：縦書き設定にしてそのまま入力すること（原稿用紙設定にしないこと）。
  タイトル、学籍番号、氏名を必ず書くこと。
- ファイル名：現代日本語レポート　1234567 山村仁朗

○俳句編

第13回
俳句を作る ① ―俳号、俳句の種類―

1. レポートについての疑問に答える 2

【問1】 レポートと小論文の違いは何か？

【回答】 調査・実験ができるか否かの点で異なる。

> レポート：ある程度前に課題が発表される。
>
> 図書館などで調査したり、実験などを行ったりしてよい。
>
> 小論文 ：その場で課題が与えられ、その場で回答する。
>
> 調査や実験はできない。
>
> 自分の持っている知識で勝負する。

【問2】 文字数はどこまでを含めるか？

【回答】 文字数に含むもの：本文、節の見出し

文字数に含まないもの：表紙、タイトル、氏名、注、参考文献

【問3】 参考文献はどのような順序で書けばよいか。

【回答】 氏名の五十音順、アルファベット順で書くのが一般的である。

参考文献に日本語文献と海外文献の両方がある場合、「日本語文献→海外文献」が一般的である。

【問4】 序論（はじめに）と結論（おわりに）では何を書けばよいか。

【回答】 序論：レポートで取り上げる問題を記す。問題がない場合は、本論で書く内容を記す。

結論：本論のまとめを書く。序論で示した問題の答えを書く。

【問 5】　本論の節の数に上限はあるか？

【回答】　特にない。

【問 6】　字数が足りなくて、あれこれと内容を詰め込むとまとまりが無くなった場合、どう
　　　　　すればよいか？

　　　　　　　　A．とりあえず、全て文字にする。

　　　　　　　　B．ある程度、下書きの時点で内容を削除しておく。

【回答】　A がよい。文字数を増やすことと削除することは逆の行為であるため、難しい。但
　　　　　し、レポートを書き慣れれば、B もできるようになると思う。

2.　「レポートを書く」ことを通して伝えたかったこと

（1）　レポートの課題が出たら、できるだけ早く取り掛かる。

（2）　作業を複数に分けて行う。

（3）　メモを作る。

（4）　下書きは消さない。

（5）　推敲を行う。

- 1 日置いて推敲すると、恥ずかしさが薄れ自分の文章を客観的に見ることができる。
- 途中で書くのをやめたものが使えることもある。

※この教科書では「注」については触れなかった。今後、レポートを書く際に勉強してくだ
さい。

3. 俳句を作る

3.1 俳号

（1）俳号とは

　俳号とは俳句の作者として名前のことである。

（2）俳号をつける

　　　　　　　　私の俳号は「　　　　　　　　　　　　　　　　」です。

3.2 音数と表記法

（1）音数

- 十七音＝五・七・五
- 「っ」（促音）、「ー」（長音）は一音と数える。
- 「ゃ・ゅ・ょ」「ぁ・ぃ・ぅ・ぇ・ぉ」（拗音）は一音と数えない。
- 「しゃっくり」は4音、「チョコレート」は5音である。

（2）表記法

- 一行で書く。
- 五・七・五、各句の間を空けない。

3.3 俳句の種類―「一物仕立て」と「取り合わせ」―

（1）一物仕立て

　季語のことだけで作った俳句のこと

（2）取り合わせ

　季語以外の要素も取り入れて作った俳句のこと

（3）この授業では取り合わせ俳句を作る。

3.4 下五を作る

- 【下五→中七→上五】の順に作る。

(1) 五音の普通名詞を見つける【下五】

-
-
-
-
-
-

(2) 七音で普通名詞を描写する【中七】

-
-
-
-
-
-
-
-
-

(3) 季語

- 「季語」とは季節を象徴する言葉のこと。俳句の主役である。俳句の季節は春夏秋冬に新年を加えた五つである。

i　春

　　風光る：春になって日差しが強くなると、吹く風もきらめいているかのように感じられる。

　　シャボン玉：子どもの遊びで、のどかな春らしい景物である。

　　春の宵：夕暮れのあと、夜がまだ更けないころ。花やぎが感じられる。

　　山笑う：春の山の明るい感じをいう。

ii　夏

　　蝉しぐれ：蝉の降るような声。日中は暑苦しく、朝夕は涼しさを感じる。

　　扇風機：近年は室内に冷気を行き渡らせたり、心地よい風や風情が好まれ、特に家庭で愛用
　　　　　　される。

　　夏の夕：夏の夕方。日中の暑さも薄らいでほっとした気分が漂う。

　　熱帯夜：深夜になっても気温が下がらず寝苦しい夜のこと。

iii　秋

　　秋深し：秋のいよいよ深まった感じをいう。草木は紅葉し、大気は冷やかに澄んで、もの寂
　　　　　　しい気持ちが深い。

　　天高し：秋は大気が澄み、晴れ渡った空が高く感じられる。

　　星月夜：よく晴れた秋の夜は空が澄むので星が美しい。特に新月の星空の輝かしさをいう。

　　虫の声：秋の寂しさが身に迫って感じられる。

iv　冬

　　大みそか：

　　除夜の鐘：ゆく年くる年をつなぐ鐘の音。

　　冬の朝：明けるのが遅く、薄暗い。夜の寒さが残っている。

v　新年

　　お正月：一年の初めの月。松飾・鏡餅・雑煮などで一年の無病息災を願う。

　　初日の出：一月一日の日の出。その年の健康と平和を願う。

角川書店編（2018）『俳句歳時記春・夏・秋・冬』（第五版）より

（4）季語を取り合わせて、俳句を完成させる。

-
-
-
-
-
-
-
-
-
-
-
-
-
-
-
-
-
-
-
-
-
-

■課題　俳句を五句以上作る。

第 13 回を作成するにあたり、以下の文献から多くを学びました。
　夏井いつき（2018）『夏井いつきの世界一わかりやすい俳句の授業』（PHP）

第14回
俳句を作る ② ―五・七を作る、七・五を作る―

1. 前回の復習

2. 「古池や……」はどのような句か

　　　　古池や蛙飛び込む水の音　　芭蕉

　　　　　　　　長谷川櫂（2005）『古池に蛙は飛びこんだか』（花神社）より

3. 五・七を作る、七・五を作る
　（1）身近な出来事を「五・七」または「七・五」で具体的に表現してみる。

　　　例　席に着き眼鏡を外す（五・七）
　　　　　電気ケトルに水を足す　（七・五）

　○ポイント
　　● 季語っぽい言葉は入れない。
　　● 五音か七音のどちらかを先に作る。

　○五・七
　　●
　　●
　　●

-
-

〇七・五
-
-
-
-
-

4.　前回の季語から五音の季語を取り合わせる

5.　俳句の完成

-
-
-
-
-
-
-
-
-

■課題　俳句を五句以上作る。

第 14 回を作成するにあたり、以下の文献から多くを学びました。
　夏井いつき（2018）『夏井いつきの世界一わかりやすい俳句の授業』（PHP）

第 15 回
俳句を作る ③ ―切れ字、課題―

1. 前回の復習

2. 俳句の基本

（1） 五・七・五で作る。
（2） 一句一季語で作る。
（3） 切れ字を利用する。

3. 切れ字
（1）切れ字の効用
- 強調と詠嘆（〜だなあ）／情報の省略と連想の拡張／俳句らしさ（韻文と散文）

（2）切れ字の種類
- や、かな、けり（、たり、なり、こそ、ぞ、か……）

（3）よく使う切れ字

　　○「や」…きっぱり
- 直前の語をシンプルに詠嘆・強調する。

　　　　古池や蛙飛びこむ水の音　　　芭蕉

○「かな」…しっとり

- 判断の揺らぎ
- 「私はこう感じるけど、あなたはどう思いますか」

　　　　さまざまの事おもひ出す桜<u>かな</u>　　芭蕉

　　　　を眺めていると、私はさまざまなことを思い出します。
　　　　あなたはどうでしょうか。

○「けり」…どっしり

- 今まで気づかなかったことへの気づき
- ハッという驚き

　　　　赤とんぼ筑波に雲もなかり<u>けり</u>　　　子規

　　　　秋晴れの空に赤とんぼが飛んでいる。遠くの筑波山には雲一つない。
　　　　（事実への気づきとその驚き）

　　　　　　　　夏井いつき（2018）『夏井いつきの世界一わかりやすい俳句の授業』（PHP）より

4.　俳句の最も基本的な型
　　　　五（四音季語＋や）　　／　　七（下五の描写）　　／　　下五（普通名詞）

■課題
切れ字「や」を用いた句を五句以上作る。

-
-
-
-
-
-
-
-

・四音の夏の季語例…意味は各自で調べてください。

初夏（はつなつ）	夏立つ	夏めく	若夏
六月	入梅（にゅうばい）	梅雨寒（つゆざむ）	水無月
七月	梅雨明	夏の日	炎昼（えんちゅう）
夏の夜	短夜	黒南風（くろはえ）	白南風（しろはえ）
朝凪	夕凪	風死す	空梅雨（からつゆ）
五月雨	夕立	雲海	雷
梅雨晴	朝焼	夕焼	日盛（ひざかり）
炎天	片蔭（かたかげ）	滴り（したたり）	夏服
羅（うすもの）	芭蕉布（ばしょうふ）	甚平（じんべい）	夏シャツ
夏帯	夏足袋	白靴	サンダル
ハンカチ	豆飯（まめめし）	麦飯	水飯（すいはん）
茄子漬	鴫焼（しぎやき）	梅干す	焼酎
冷酒	甘酒	サイダ	水菓
葛餅	葛切白玉	みつ豆	夏の灯
噴水	滝殿	花茣蓙	籐椅子
蠅除	蠅取	香水	冷房
風鈴	虫干	打水	芝刈
晒井	行水	夜濯	麦刈
代掻く	雨乞	早苗饗（さなぶり）	草刈
草取	豆蒔（まめまく）	菊挿す	竹植う
瓜番（うりばん）	干草	糸取	鮎釣
川狩（かわがり）	烏賊釣（いかつり）	釣堀	ナイター
箱庭	起し絵（おこしえ）	草笛	肌脱（はだぬぎ）
夏痩	母の日	父の日	海の日
菖蒲湯	薬玉	夏場所	ペーロン
巴里祭（ぱりさい）	御田植（おたうえ）	野馬追（のまおい）	たかし忌（たかしき）
晶子忌（あきこき）	多佳子記（たかこき）	河童忌（かっぱき）	不死男忌（ふじおき）
鹿の子（しかのこ）	蝙蝠（こうもり）	亀の子	筒鳥（つつどり）
老鶯（ろうおう）	雷鳥	葭切（あしきり）	翡翠（かわせみ）
鳰の子（におのこ）	青鷺（あおさぎ）	白鷺（しらさぎ）	鯵刺（あじさし）
大瑠璃（おおるり）	山雀（やまがら）	黒鯛	飛魚
赤えい	舟虫	尺とり	天牛（かみきり）
玉虫	穀象（こくぞう）	斑猫（はんみょう）	鼓虫（まいまい）
水馬（あめんぼ）	空蝉	子子（ぼうふら）	まくなぎ
ががんぼ	優曇華（うどんげ）	ごきぶり	げじげじ
蛞蝓（なめくじ）	葉桜	紫陽花	石楠花（しゃくなげ）
しもつけ	金雀枝（えにしだ）	茉莉花（まつりか）	青梅
青柿	木苺	やまもも	新緑
万緑	緑陰	結葉（むすびば）	葉柳（はやなぎ）
梧桐（あおぎり）	土用芽（どようめ）	病葉（わくらば）	卯の花
浜茄子	桑の実	夏桑	若竹
篠の子（すずのこ）	芍薬（しゃくやく）	サルビア	向日葵
雛罌粟（ひなげし）	夏菊	石竹（せきちく）	睡蓮（すいれん）
紅花	茄子苗	豌豆（えんどう）	蚕豆（そらまめ）

筍（たけのこ）	夕顔	新馬鈴薯（しんじゃが）	新薯（しんいも）
夏葱	玉葱	辣韮（らっきょう）	青稲
帚木（ははきぎ）	夏草	青芝	青蔦（あおつた）
青蘆（あおあし）	夏萩	石菖（せきしょう）	風蘭
鈴蘭	昼顔	沢瀉（おもだか）	河骨（こうほね）
蒲の穂（がまのほ）	夕菅（ゆうすげ）	十薬（じゅうやく）	射干（ひおおぎ）
虎尾草（とらのお）	捩花（ねじばな）	一つ葉（ひとつば）	鷺草（さぎそう）
えぞにゅう	藻の花	萍（うきくさ）	じゅんさい
木耳（きくらげ）	梅雨茸（つゆだけ）		

角川書店編（2018）『俳句歳時記　第五版　夏』より

5.　提出課題

- 今まで作った句の中で、自信のあるものを 5 句提出しなさい。

- 提出期限：　　月　　日（　　）　　17 時
- 提出方法：
- 提出先：
- 形式：縦書き設定にしてそのまま入力すること（原稿用紙設定にしないこと）。

   タイトル、学籍番号、氏名を必ず書くこと。
- ファイル名：現代日本語　俳句　1234567 山村仁朗

6.　現代日本語のまとめ

第 15 回を作成するにあたり、以下の文献から多くを学びました。

夏井いつき（2018）『夏井いつきの世界一わかりやすい俳句の授業』（PHP）

著者紹介

山村仁朗（やまむらよしあき）　島根県立大学短期大学部　准教授

表紙絵　田中五月

現代日本語

2021 年 3 月 20 日　　第 1 版　第 1 刷　印刷
2021 年 4 月 1 日　　第 1 版　第 1 刷　発行

著　　者　　山　村　仁　朗
発 行 者　　発　田　和　子
発 行 所　　株式会社　学術図書出版社

〒113−0033　　東京都文京区本郷 5 丁目 4 の 6
TEL 03−3811−0889　　振替　00110−4−28454
印刷　三和印刷 (株)